Basado en la serie de televisión *Bob Esponja*®,
creada por Stephen Hillenburg
y vista en Nickelodeon®.

Título original: *SpongeBob LovePants*
Traducción: Amanda Díaz Cobo

EDITORIAL EVEREST, S. A.
División de Licencias y Libros Singulares
Calle Manuel Tovar, 8
28034 Madrid (España)

ISBN: 978-84-441-0297-9
Depósito legal: LE. 1485-2010
Printed in Spain - Impreso en España
Editorial Evergráficas, S. L.

Una mañana Bob Esponja se despertó de muy buen humor. Algo parecía diferente.

Bob Esponja fue a ver a su amigo Patricio.

—¿Lo hueles, Patricio? —preguntó—. ¡Las algas han florecido! ¡Se respira el amor!

Patricio olisqueó el aire:
—Yo no huelo nada —dijo.

Justo entonces, Calamardo salió de su casa para recoger el periódico.

—¿No notas el amor en el aire, Calamardo? —preguntó Bob Esponja.

—¡No! —respondió Calamardo y se metió en casa, dando un portazo.

—Vaya, Calamardo está de muy mal humor hoy —dijo Bob Esponja—. Me pregunto qué podría hacer para alegrarle el día.

—A lo mejor necesita respirar el amor —respondió Patricio.

—¡Tienes razón, Patricio! —exclamó Bob Esponja—. A lo mejor Calamardo necesita amor en su vida. Quizá podamos ayudarlo.

Bob Esponja y Patricio preguntaron a todas las chicas de Fondo de Bikini si querían salir con Camalardo.

—Es un cascarrabias —respondieron todas.

Justo entonces llegó Karla. Todos los días entregaba panecillos frescos en el Krustáceo Krujiente.

—Quítate de en medio, Calamardo —dijo Karla.

—Con mucho gusto, Karla
—respondió Calamardo.
—*Mmm,* a lo mejor Karla saldría
con Calamardo —se dijo
Bob Esponja.

A Bob Esponja se le ocurrió un plan:

—Karla, ¿te gustaría cenar conmigo esta noche? —preguntó.

—¿Por qué? —respondió Karla.

—¡Porque se respira el amor! —contestó Bob Esponja.

—Bueno, vale —dijo Karla—. No tengo ningún otro plan.

Cuando Karla se fue, Bob Esponja le dijo a Calamardo:

—Necesito que vengas conmigo a cenar esta noche.

—No —contestó Calamardo—. Estoy ocupado.

—No, no lo estás —dijo Bob Esponja—. Mira tu calendario.

Esa noche, Bob Esponja y Calamardo fueron al restaurante.

—¿Qué haces tú aquí? —preguntó Karla a Calamardo.

—Dímelo tú —respondió Calamardo.

—¡Sorpresa! —exclamó Bob Esponja—. Pensé que podríamos disfrutar todos juntos de la cena.

—Yo no tengo hambre —dijo Calamardo.

—Yo tengo que irme —añadió Karla.

—Quedaos, por favor —pidió Bob Esponja.

—Bueno —dijo Calamardo—. Pero solo un rato.

—Eso seguro —añadió Karla.

Bob Esponja aplaudió:

—¡Esto va a ser genial! —exclamó.

Bob Esponja intentó que Calamardo y Karla charlaran.

—Calamardo toca el clarinete —dijo Bob Esponja.

—Algo he oído —respondió Karla—. Algo como chirridos.

—¿A que los panecillos que trae Karla están riquísimos? —preguntó Bob Esponja.

—La verdad es que no —contestó Calamardo—. Yo los encuentro bastante rancios.

Bob Esponja quería que los dos se llevaran bien. Pero lo único que Calamardo y Karla tenían en común era que los dos eran gruñones.

Finalmente, Bob Esponja se hartó y empezó a llorar:

—¡No puedo más! —exclamó—. Solo quería que los dos fuerais felices. ¡Pero no hacéis más que pelearos!

Se sonó la nariz con la servilleta
y salió corriendo.

Calamardo y Karla se quedaron callados.

—Me alegro de que se haya ido —dijo Calamardo.

—Bob Esponja solo intentaba ser amable —respondió Karla.

—Quizá, si nos portamos bien, se sentirá mejor —sugirió Karla.

—¡Sí, y nos dejaría en paz! —exclamó Calamardo.

Al día siguiente en el Krustáceo Krujiente, Karla vino con los panecillos:

—¡Buenos días, Calamardo! —saludó—. Hace un día precioso, ¿verdad?

Bob Esponja sonrió. Después de todo, ¡a lo mejor Calamardo y Karla podrían enamorarse!

—¡Se respira el amor! —exclamó mientras barría el suelo.

En cuanto Bob Esponja se marchó, Calamardo dijo a Karla:

—Lo único que se respira es el olor a rancio de esos panecillos.

—¿Has olvidado cómo suena tu oxidado clarinete? —preguntó Karla.

Los dos se rieron.

—¿Sabes?, a lo mejor nos podríamos llevar bien —dijo Calamardo.

Justo entonces, volvió Bob Esponja.

—Ah, el aroma del amor es tan dulce —dijo.

Calamardo y Karla elevaron la vista al cielo:

—¡Ya estamos otra vez! —exclamaron.

¿Respiras el amor?

Bob Esponja cree que Calamardo necesita amor en su vida, pero su vecino no quiere saber nada del asunto. Encuentra la imagen de Calamardo que es distinta a las demás.

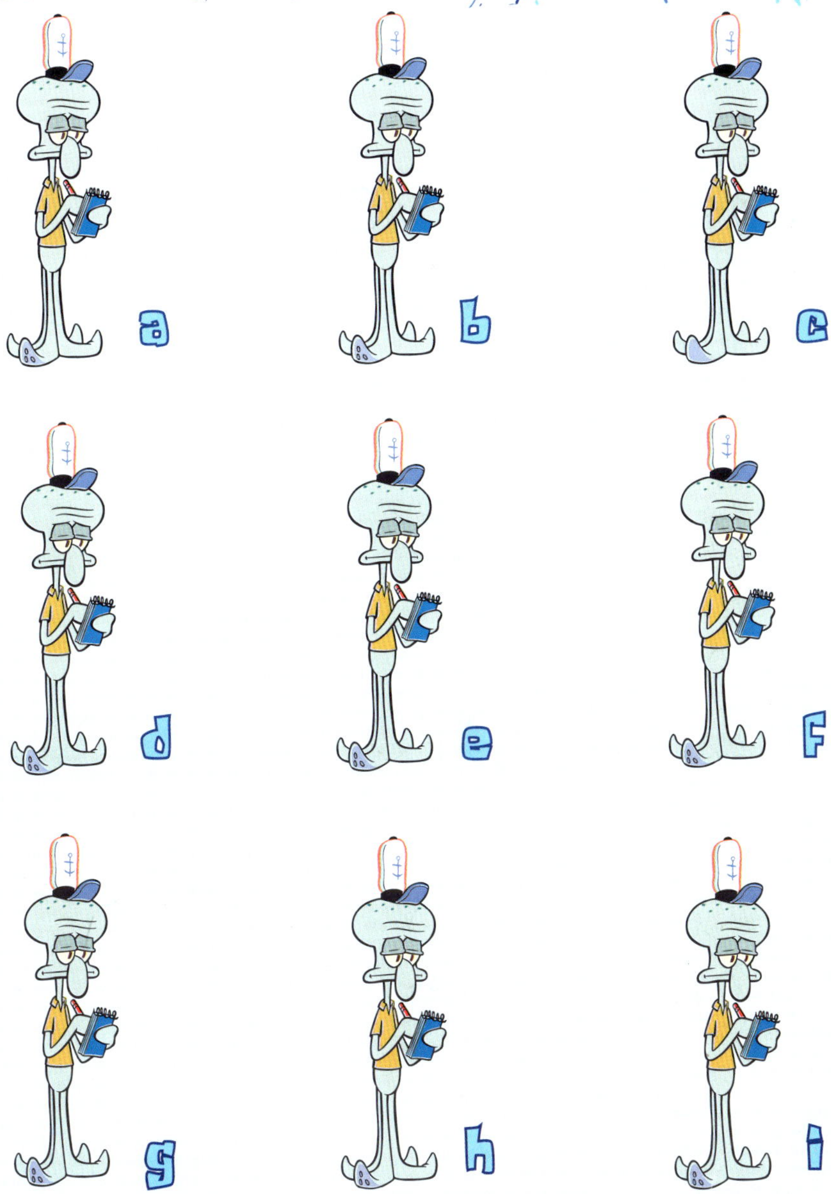

A pesar de ser un cascarrabias, a veces Calamardo se lo pasa bien con Bob Esponja y Patricio. ¿Puedes encontrar las cinco diferencias entre las dos fotos de los tres amigos?

Tres amigos

Sopa de amor

Busca las palabras y nombres de personajes, relacionadas con la historia, en esta sopa de letras muy especial.

Algas
Amor
Calamardo
Panecillos
Clarinete
Karla
Cascarrabias
Restaurante

B	U	S	O	L	L	I	C	E	N	A	P
M	K	Q	U	A	W	I	Ñ	K	P	E	Y
S	E	T	E	N	I	R	A	L	C	R	H
C	A	S	C	A	R	R	A	B	I	A	S
T	U	M	N	X	L	N	R	E	G	V	A
O	J	I	O	A	R	Y	O	L	S	M	G
E	T	N	A	R	U	A	T	S	E	R	L
C	A	L	A	M	A	R	D	O	P	F	A

Entre panecillos

Los panecillos que trae Karla son los que se usan para hacer las famosas búrguers cangrebúrguers del Krustáceo Krujiente. ¿Cuántas puedes contar en esta página?

Hay ☐ búrguers cangrebúrguers.

Soluciones

¿Respiras el amor?

Página 33

La imagen que es distinta a las demás es la C.

Tres amigos

Página 34

Sopa de amor

Página 35

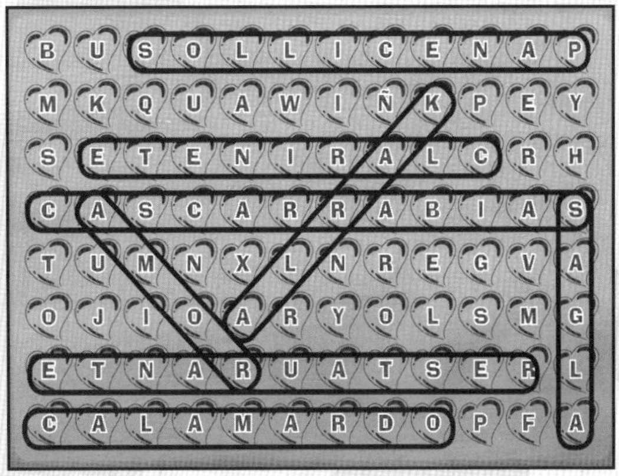

Entre panecillos

Página 36

Hay 38 búrguers cangrebúrguers.